RESPONSE

DE DOM BERNARD

DOYEN DE L'ORATOIRE de S. Bernard des Feuillantins lez Paris, à vne lettre à luy escrite & enuoyee par Henry de Valois.

IESVS ✠ MARIA.

A PARIS,
Chez Nicolas NIVELLE, ruë S. Iaques, aux deux Colonnes.
Et Rolin THIERRY, ruë des Anglois, pres la place Maubert.
Libraire & Imprimeur de la saincte Vnion.
M. D. LXXXIX.
AVEC PRIVILEGE.

A MONSIEVR A. M. D. C.

MONSIEVR, *m'ayant vn mien amy enuoyé de Tours, où il est retenu à son grãd regret, la coppie de la Response faite par ce pieux & deuot Religieux Dom Bernard, Doyen des Feuillantins de ceste ville de Paris, à vne lettre que Henry de Valois luy auoit escrite & enuoyee : elle m'a donné vn tel contentemẽt, que parmy tant d'orages & tempestes, dont pour nos fautes nous sommes presque accablez, ie n'ay trouué chose qui m'aye tant apporté de consolation, que ce beau & veritable Discours. Ce qui m'a faict prendre la hardiesse de le communiquer au public, & tout aussi tost le faire mettre sur la presse, encores que ie sçache bien que ce bon perpnnage, à cause de sa modestie naturelle, eust* plus volontiers desiré la suppreßion de cest escrit, que non pas la publication, pour en receuoir, comme il sera, vn accroissement de la reputation qu'il a ia meritoirement acquise, & qu'il s'offensera parauanture de ceste mienne entreprise. Ie m'asseure neantmoins, que me recognoissant en cela porté d'vn bon zele, il excusera mon hardiesse. A quoy aussi ie sçay que de vostre part vous pouuez beaucoup. Sur ce, ie prieray Dieu, Monsieur, vous donner l'accomplissement de vos bons desirs. De Paris le 12. Iuin, 1589.

Vostre bien humble & affectionné à vous seruir. A. F. A.

RESPONSE

DE DOM BERNARD DOYEN DE L'ORATOIRE *de S. Bernard des Feuillantins lez Paris, à vne lettre à luy escrite & enuoyee par Henry de Valois.*

IESVS ✠ MARIA.

ONSIEVR

Ayant à vous faire cest escrit auec la saincte franchise & hardiesse, que l'obligatiõ de mon deuoir me commande, ie confesse que ie ne suis pas sans peine: car i'ay appris de la religion mesme d'auoir en singulier respect & reuerence la Majesté Royale, de laquelle vous auez esté honoré par tant d'annees, & vous ay mesmes particulierement respecté & reueré de toute l'humilité, que l'apprehension de la Majesté de Dieu represẽtee par la vostre, a peu exciter en mon ame. Et s'il m'eust esté permis, ie n'ay pas tant d'affection à continuer le fil de ceste vie que Dieu me donne, que i'en eusse apporté à la continuation de ce mesme honneur & reuerẽce enuers vous. Or changer maintenant de stil m'est extremement grief, veu mesmes qu'il faut que tout à coup, ie passe d'vne extremité à l'autre, & m'aduient comme à celuy qui a longuemẽt demeuré aux rayons d'vn luysant soleil : Il a la splendeur esclatante de ce soleil si auant logee dedans ses yeux, qu'il ne se peut accoustumer incontinent à la suauité de l'ombre, & demeure quelque temps cõme demy aueugle, iusques à ce que ceste splendeur peu à peu se perd & esuanouit de ses yeux. Ainsi m'estant accoustumé par vn lõg tẽps à vous regarder, encor q̃ par erreur, cõme la viue & parlãte image de Dieu, & m'estant extremement pleu en ceste persuasion : c'est auec tres-grande difficulté qu'il faut à present qu'arrachant ceste opinion de mon ame, ie châge de ton & de note, m'accusant moymesme d'vne extreme simplesse & ignorance, qui ay tant tardé à cognoistre la peruersité de vostre cœur & affection enuers nostre saincte foy & religiō Catholique: laquelle soubs le masque d'vne deuotiō extraordinaire, vous auez perfidement abandonnée & trahie, descouurât & faisant veoir aux plus aueugles le mortel venin longuement caché dans vostre ame, d'vne plus que barbaresque, sauuage & inouïe meschâceté. Ie suis perplex d'autre-part, pour la defense tres-expresse que nostre mere l'Eglise fait à tous ses enfans, de cōmuniquer auec ceux qu'elle a frappez du cousteau d'excommunication, & retranchez du corps de son espoux. Ce qui doit imprimer dâs le cœur de tous Catholiques, vne horreur de parler, traicter & communiquer en quelque sorte que ce soit auec vous, qui par le trâchant de ce cousteau estes alienė de ce bien-heureux corps, comme vn membre pourry & arraché du trōc de vie eternelle, comme vne branche seche & morte, non pour quelque forfait ordinaire, mais pour auoir plus atrocemẽt & outrageusemẽt, que nul des ennemis de Dieu qui soient en ce temps, planté & enfoncé vostre glaiue parricide dans les flancs & entrailles de nostre mere, & plus dangereusement sappé & esbranlé la muraille de ceste sacrée Cité des enfans de Dieu. Or ne lairray-ie pourtãt de vous faire la presente, opposant à l'vne & à l'autre de ces difficultez l'imperieuse loy de la necessité qui me serre & contraint. Car puis que vous auez trouué bõ de me faire vne lettre qui m'a esté renduë, en laquelle fermant les yeux aux occasions que vous auez donnees à tous bõs Chrestiens Frãçois de resister à voz pernicieux desseins, vous accusez de mensonge & perfidie le zele que Dieu m'a donné, à m'employer de mon petit pouuoir à la defense de ce precieux heritage de nostre foy & religion, que par voz deportemẽs vous nous arrachez des mains & mettez en proye: Ie me sens cõme violentemẽt contraint & necessité de vous respondre, non tant pour deffendre mon innocence contre vostre faulse accusation, que pour soustenir la cause de tous les gẽs de biẽ & vrais

Catholiques

Catholiques de ce Royaume, qui se sont vnis à ce mesme effect, laquelle est inseparablement conjoincte auec la mienne. Et pour vous faire veoir combien, par la grace de Dieu, nous nous sentõs asseurez en noz cõsciences, & combien nous subsistons hardiment deuãt l'apprehension du throsne de la Iustice de Dieu, en la resolution que nous auons prinse de nous opposer à voz peruerses intentions, ne nous esmouuant non plus que d'vn vain songe de toutes les mesdisantes calomnies, par lesquelles comme par vn nuage espais, vous & voz adherẽs taschez d'obscurcir & vmbrager le iour de verité & droicture qui luit en noz ames en la poursuitte de ceste cause. C'est le but que ie me propose deuant les yeux en ceste response, & le seul motif qui pousse mõ esprit & ma main à la faire, lequel motif en a vn autre plus grand & plus haut, qui est le general & supreme motif, & comme le premier ciel qui fait mouuoir tous les autres cieux à son bransle, ie dy l'hõneur & gloire de Dieu, qui doit estre le souuerain but de toutes noz œuures & entreprises. C'est la principale & derniere fin à laquelle ie dirige mõ intention en cest escrit, ne voulant hors d'icelle permettre à mon esprit d'y toucher de la moindre pẽsee. Que si c'est le vray but que ie dois auoir, il ne reste sinon qu'assisté de la grace diuine, ie dresse si dextrement ma visee, que par nulle infirmité de passiõ humaine qui me desuoye, mõ traict ne puisse faillir d'attainte : à quoy ie me sens biẽ tellement disposé, que i'aymerois mieux auoir mon esprit priué de toute cognoissãce naturelle, & ma main seiche & morte, que d'auãcer ou escrire mot, qui en ma cõscience, decline tant soit peu de la verité. Ce qu'apres vous auoir solemnellement protesté, ie viens à vostre lettre, de laquelle le commencement est, *Vous auez trop recogneu par voz paroles publiques & particulieres, le mensonge de ceux de la ligue, pour maintenant mettre en vostre ame vn tel bourreau qu'vne asseuree damnation, les fauorisant par voz actions & discours indignes d'vn bon Chrestien & Catholique* (& adioustez peu apres) *parlant mal de moy, qui me cognoissez iusques dans l'ame, pour plus & meilleur Catholique que ceux qui me veullent nier pour Roy*: Voyla certainemẽt de tresbelles paroles, & telles que pourroit dire le plus vertueux & plus innocent Prince de la terre : Dauid parloit ainſi, quand il diſoit, *Iudica me Deus & diſcerne cauſam meam de gente non ſancta, ab homine iniquo & doloſo erue me* : mais où eſt ce nouueau Dauid qui les pronõce? Quoy, nous eſtimez vous des troncs de bois ou de pierre, qui ne puiſſiõs diſcerner entre le blãc & le noir? ou ſi vous meſpriſez la cõſciẽce de tant de gens de bien qui vous cognoiſſent dedans & dehors, leſquels ſçauẽt que ces paroles ne vous conuiennẽt, non plus qu'vn habillemẽt taillé à la meſure d'Hercules, ou du plus grãd de tous les Titans, ne conuiendroit au plus petit de tous les Pygmees? Il fait bel ouïr parler de la chaſteté & foy cõiugale, mais à Suzanne non à Herodias : à Penelopé nõ à Clitemneſtra, Et fait bõ ouïr louër la vraye religion, mais à Ezechias non à Achab, à S. Hieroſme non à Porphyre. Certes il faudroit bien nous auoir ietté de la pouldre aux yeux, & nous auoir du tout enchantez & enſorcelez, deuãt que nous vous peuſſions iuger autre par voz actions meſmes, teſmoin aſſeuré & irrefragable, que non seulement vous estes desnué de tout amour & zele à la religiō Catholiq̄, de laquelle vous faites profession, mais aussi manifeste fauteur de l'heresie nouuelle, laquelle estāt deuāt vostre regne merueilleusemēt abbatuë, & quasi preste à defaillir, n'a repris force & haleine que par vous. Car c'est vostre conniuence qui l'a nourrie, vostre faueur qui l'a cōfirmee, & vostre protectiō qui l'a haulsee & aduātagee, de telle sorte, que maintenant toute enflee d'vn nouueau courage, elle dresse les cornes, nous braue & menace fierement, & bat outrageusemēt à noz portes, toute preste d'entrer & faire piteux rauage de toutes les choses sainctes & sacrees de nostre religion, si la bōté de Dieu n'y pouruoit promptemēt de puissant remede. Mais pour restraindre ce propos à moy particulierement, & vous rēdre raison du changemēt de mō affectiō en vostre endroit, i'appelle Dieu en tesmoin, combien i'ay tousiours detesté de conceuoir, ie ne dy pas opiniō formee, mais pensee sinistre de vous, tāt que i'ay peu apperceuoir quelque couleur ou apparence de deuoir en voz actions, &

combien i'ay trauaillé & ſué pour me retenir en bonne opinion de tous voz deportemens. Auſſi ne me pouuoit-il aduenir choſe plus douce & plus aggreable, meſme ayant quelque accez à vous, que de vous honorer & reuerer comme mon Roy & Prince naturel, & comme la viue repreſentation de Dieu, duquel vous teniez la place en ce tres-grand Royaume. Ie l'ay meſme teſmoigné pluſieurs fois en public en l'office de la predicatiō, auquel il a pleu à Dieu m'appeller, & n'ay craint de m'oppoſer à vne treſgrāde multitude de gēs de toutes qualitez, qui plus oculez que moy, couroient à l'opinion contraire. Et n'ay tenu compte ny des murmures & emotiōs populaires, ny du danger eminent de ma vie meſme qui me menaçoit: Ce qui eſt ſi frais & ſi public, qu'il a pour teſmoin la conſcience d'vne infinité de perſōnes. Ie m'abuſois, ie le confeſſe: mais le fondement de ceſt abus eſtoit la ſimplicité de mon cœur, qui ſe bandoit & roidiſſoit de tout ſon pouuoir en l'obſeruatiō de ce commandement, que noſtre Seigneur nous faict en l'Euāgile, *Nolite iudicare*, & faiſoit tous ſes efforts d'interpreter voz actions en bien. Et qui pouſſoit bien fort à la rouë, c'eſtoit le beau ſemblant & apparẽce de pieté & deuotiõ que i'auois veu en vous, leſquelles choſes interpreter en feintiſe & hypochriſie, n'eſtoit pas du gouſt d'vn eſprit ſi peu rompu & deniaiſé que le mien. Ie ne laiſſois toutesfois d'exhorter & animer le peuple de tout mõ pouuoir à la deffenſe de la religion, qui me ſembloit branſler & comme flotter en la mer en tres-grand dãger de naufrage: & pẽſois en ce faiſant (ignorãt que i'eſtois) ne deroger aucunemẽt, mais pluſtoſt ſeruir à voſtre intention, comme celuy qui me faiſois accroire, que vous n'auiez riẽ ſi profondemẽt emprainct dans le cœur, que la deffenſe de la religiõ, & l'extirpation de l'hereſie. Or enuiron la feſte de Noël dernieremẽt paſſee, vous ayãt ioüé vne telle & ſi pitoyable tragedie, ſi pernicieuſe & funeſte, nõ à la Frãce ſeulemẽt, mais à toute l'Egliſe: Et ſ'eſtant le venin de voſtre cœur ſi outrageuſemẽt reſpãdu à la ruine de la foy Catholique, non en quelque lieu ſecret ou caché, mais en la face des Eſtats de ce Royaume, & ſur l'eſchaffaut de toute la France : vray Dieu ! moy qui ſuis Chreſtien & Catholique, ſçachant & voyant telles choſes, que deuoy-ie faire ? Ne dire mot, ne bouger ny me remuer cõme vne ſouche, & les bras croiſez eſtre ſpectateur oiſif de l'embraſement ſpirituel de noſtre maiſon ſpirituelle l'Egliſe, dans laquelle nous auons eſté engẽdrez & ſommes nez à la vie celeſte ? O ſilence deſloyal, ô traiſtreſſe conniuence, laquelle non ſeulement l'eſprit Chreſtien deteſte, mais les oreilles meſmes abhorrẽt : he qu'elle page de l'Euangile que ie preſche ne me lapideroit ? quel poil meſme de l'habit que ie porte ne m'abiſmeroit de honte ? Ie remercie la bonté de Dieu qui ne m'a encore oublié iuſques là, ny m'oubliera comme i'eſpere, & m'aduienne pluſtoſt, non pas la perte de ceſte vie ſeulement, laquelle ie n'ay beaucoup occaſion d'aimer, mais d'vn million de ſemblables ſi ie les auois, & de tout ce qui ſe peut pẽſer de temporel ou creé ſ'il eſtoit à moy, pluſtoſt que Dieu me laiſſe tomber en vne ſi profonde obliãce de luy & de moy-meſme. Ce n'eſt donc pas merueille ſi ie me ſuis recognu, m'ayant vous-meſmes par voz actions dessillé les yeux, & ouuert l'entendemēt pour veoir comme à l'œil le pernicieux & damné but de voz intentions : car en chose si claire & qui se presēte si viuemēt à l'œil, il n'est pas permis de faire l'aueugle. I'ay dōc cedé, comme la raison vouloit, & me suis rendu à l'euidence de la chose, considerant & remarquant en ces barbaries, meurtres & emprisonnemens que vous feistes faire à Blois, rapportez à voz autres actiōs, vne ame non seulemēt vuide de religion, mais aussi coniuree à la destruction & ruine de l'Eglise. Car estant ce Royaume plein en tāt d'endroits d'vne engeance detestable d'ennemis de Dieu & de son Eglise, qui ont saisi tāt de belles villes, occupé tant de grādes prouinces, demoly les saincts Autels, embrasé les Eglises, esgorgé les Prestres & Religieux, pillé, saccagé & renuersé tout de fonds en cōble, & qui plus est continuēt tous les iours semblable fureur, à l'extreme deshonneur du nom de Dieu & dissipatiō de son Eglise, vous auez choisi telles gens entre tous les autres, pour estre le digne subiect de vostre faueur, support & protection, ce que ie dis d'autant plus hardiment, que plus effonteement vous

vous

vous estes puis quelques iours lié & vny, auec ce Biarnois Amalec, le Roy de Nauarre: Au contraire les plus gens de bien, les plus vertueux & magnanimes de la Frãce, qui estoient le fouet & la terreur de ces malheureux, & ne respiroiẽt pas tãt le vẽt & haleine naturelle de leurs poulmons, que la protection de l'Eglise, à la vertu desquels nous deuons apres Dieu, ce que nous n'auons pas esté le butin & proye de ces rauissantes harpies, & ce qui nous demeure de Temples, d'Autels, de Religion, & la vie mesme: Bref qui estoient apres Dieu l'vnique esperance de tous les Catholiques de ce Royaume. Ces personnages & Princes excellens, lesquels ny vous ny nous, ny tout le monde ensemble, n'eust sceu dignement honorer ny recognoistre pour leurs merites, apres les auoir apastez par les plus insidieux artifices, qui furent iamais conceuz par la desloyauté Punique, & les auoir asseurez par des sermẽs qui faisoiẽt herisser les cheueux en la teste, vous les auez les vns cruellement meurtris & massacrez, les autres indignement retenuz & emprisonnez, pour ne dire les autres outrages & indignitez execrables que vo⁹ y auez accumelees: Serois-ie si aueugle de mon esprit, & si hebeté de tout iugemēt naturel, que de ne cognoistre vne si horrible meschanceté, & vne si manifeste conspiration contre nostre saincte foy Catholique? Ie laisse le rapport & conuenance de tant d'autres actions vostres, qui seroit lōg à dire, & de voz principaux Conseillers, qui toutes ensemble sont comme des pieces rapportees, qui cōuiennent tres-propremēt & correspōdent naïfuement à la structure de ceste intention damnable. Ce que vous auez tousiours taché de voiler & desguiser, par vn masque emprunté de diuerses inuentions, & par ce moyen tenir en suspens & ambiguité le iugement des esprits retenus & craintifs. Mais en fin le soleil de verité s'esleuant à la hauteur du clair midy, a percé à iour & dissipé tous ces nuages & brouillars de simulatiō, & a mis vostre desseing au iour & en euidence deuāt les plus grossiers. Estans donc ces choses si manifestement dressees à la ruine de nostre saincte Religion, où seroit l'affection & zele que Dieu m'a donné à son honneur, pour l'amour duquel i'ay quitté mō pays, mes parens, & la vie seculiere, si voyant vn si grand malheur, ie ne m'en esmouuois, & si en la compagnie de tant de gens de bien, ie n'excitois tout ce peu que Dieu m'a dõné d'esprit & de courage, pour tacher de destourner de dessus noz testes vne si effroyable tempeste? Si ne dira-on pas que i'aye esté le premier des Predicateurs à vous reprendre & cẽsurer en public: Plusieurs ont eu l'honneur de m'y deuancer de beaucoup, & n'ay desisté de vous recõmander en mes Sermõs, & prier Dieu publiquemẽt pour vous, iusques à ce que par le iugemẽt de l'assemblee des Docteurs de ceste grande & docte Vniuersité, i'ay veu vostre nom effacé de la memoire de Dieu & raclé du liure de vie eternelle: auquel iugement ie me suis conformé en obeïssance, & ay depuis dict & presché de vous aux occasions qui s'en sont presentees, ce qu'auec la nuë & sincere verité, le zele de l'honneur de Dieu m'a inspiré au cœur & mis en la bouche. Et vous dictes en vostre lettre, qu'estant à la chaise de verité, ie n'y faits que mẽtir: mais pour quelle fin? Car que ie mente sans cause, il n'est pas vray-semblable: est-ce volontiers pour mẽdier le vent & la faueur du peuple, ou bien des Princes & Seigneurs de l'Vniõ, à fin d'estre par les vns ou par les autres aduancé en quelque riche Abbaye ou Eueſché? Si ie dy que non, nul ne ſera tenu de me croire, car ie puis mentir, & n'y a moyen de penetrer en mon cœur, pour deſcouurir ce qui en eſt: mais le faict & l'œuure le deſcouurira tres-aſſeurement. Il y a neuf ans, qu'inſpiré de la grace de Dieu, qui m'honora d'vn ſi grand heur, i'entray & prins l'habit en la congregatiõ des Feuillantins, où depuis i'ay touſiours perſeueré par ceſte meſme grace: vous n'eſtes pas à ſçauoir cõme nous y viuõs, ny de quelle maniere de nourriture, & veſtement & de lict nous vſons. Et ce treſtous ſans exceptiõ ny differẽce quelcõque, de clercs ou laiz, grãds ou petits, premiers ou derniers, ſuperieurs ou ſubiets. Or ſi perſeuerãt de ſi long-temps en ceſte façon de viure, i'ay couué dans le ſein vn feu de ſi ardãte ambition, que de pretẽdre & aſpirer aux Abbayes & Eueſchez; ie vous faits iuge vous-meſmes, ou celuy qui vous plaira de tous vos plus habiles Argus & Cõſeillers polytiques, si ie ne suis pas le plus estrange homme que vous ayez onques veu, & comme vn monstre en la nature. Et die, celuy qui en iugera, s'il voudroit luy-mesme au pris d'vne si longue continuation de telle façon de viure, paruenir à la plus riche & honorable Archeuesché de ce Royaume. Certes si en ceste maniere de viure que i'obserue par la grace de Dieu du mieux que ie puis, & pour le moins tresallegrement, ie cache vne ame faulse & hypochrite, ceste hypochrisie me couste merueilleusement cher, & peut on dire de moy, que ie suis singulier & nompareil en simulation entre les hommes : ce qui n'a face ny couleur de vray-semblance, dõt il est aisé à cognoistre, que ie ne presche point contre ma conscience, & n'est ma langue serue d'aucune passiõ, qui luy donne loy, mais fidele ministre & messagere de mes conceptions selon le commandement de Dieu.

AVSSI peu de raison y a-il en ce que vous mesdictes des bons Catholiques vnis, en les appellant iniurieusement traistre trouppeau, & vous glorifiant d'auoir plus de zele qu'eux à la religion Catholique, iusques à dire, que quicõque le voudra nier aura menty par la gorge: ce sont de braues & magnifiques paroles, mais qui ne sont que paroles espāduës en l'air, autant en emporte le vent. C'est vostre ancienne maniere de piper le monde, de laquelle vous auez tant vsé ou plustost abusé par le passé: Et le traistre chant de Syrene, par lequel vous auez endormy vne infinité de personnes, lesquelles se sont à la parfin esueillees & recogneuës à leurs despens. Loüé soit Dieu, qui a descouuert ce faux artifice, non seulement aux clair-voyans & prudens, mais aussi aux plus simples & idiots: de sorte qu'il n'y a persõne, s'il n'est preoccupé de passion & opiniastreté intollerable, qui ne voye le iour à trauers. C'est vne trahison descouuerte qui ne peut plus nuire, c'est vne mine esuëtee, qui ne peut plus tromper aucũ: Fermez vostre boutique, nous cognoissons trop à noz despens, la desloyale marchandise que vous y estallez, qui est toute rance & moisie: vous ne vẽdrez plus voz coquilles à personne de nous, & ne gaignez riẽ à les nous presenter, mais vo⁹ perdez beaucoup, & empirez voſtre marché, de plus que vous ne penſez, en vous enfonçãt touſiours plus profondemẽt dans le mortel abyſme de l'ire de Dieu, qui eſt preſte à vo⁹ englou-tir, duquel il ſeroit bien meshuy temps que vous miſſiez peine de ſortir. Or n'eſt-ce pas en ſe iuſtifiant ſoy-meſme qu'on ſ'en met hors, mais en accuſant & reco-gnoiſsãt ſa faute d'vn cœur froiſſé & hu-milié, diſant auec l'enfant prodigue: Mõ pere i'ay peché contre le ciel & contre vous, & ne ſuis pas digne d'eſtre appellé voſtre fils: mais tout au rebours vous vo⁹ obſtinez plus fierement en voſtre ſuper-be aueuglee, & demeurez ſi fermement arreſté en voſtre deſmarche, qu'on ne voit en vous aucun ſigne de recognoiſ-ſant, abuſant de la grace que Dieu vous faict de vous prolonger ceſte vie, & vous donner eſpace de penitence.

Ie vovs eſcrits cecy d'vn cœur ex-trememẽt eſmeu de pitié & compaſſion, pour le douloureux ſentimẽt que la cha-rité Chreſtienne me faict auoir, de l'ef-froyable abiſme de perdition, dãs lequel vous vous precipitez. Mais vous m'ob-iectez au conrraire, Monſieur de Feuilſans mon Abbé, qui fauoriſe voſtre party, & penſez m'eſtraindre par là, comme par vn neud Gordiē indiſſoluble: à quoy ie vous reſpond que c'eſt vn homme, le iugement duquel ſe peut tromper en vne infinité de ſortes, meſmes pour les beaux ſemblans & mines exterieures qu'il a veu en vous, ſans auoir penetré dans l'interieur de voſtre ame, par aucune communication que vous luy ayez daigné faire, de choſe qui concernaſt vos affaires ou voſtre conſcience. Et quoy qu'il en ſoit le poix de ſon opinion ne peut eſtre tel, qu'il ne ſoit en la balāce plus que mil fois contre-peſé par l'authorité de tant de grands & eminens perſonnages, tant en pieté qu'en ſçauoir, & par vn monde de gens de bien qui ſont reſoluz au contraire: auſſi n'eſt-ce pas à vn particulier à qui l'ombrage de quelque affection humaine, peut en tant de façons deſrober la lumiere de verité, de blanchir de ſi noires taſches qu'on void en voſtre robbe, ny de iuſtifier voſtre cauſe: Ne vous chatouillez point de ceſte approbation, qui ne vous garantira pas deuāt le Tribunal du ſouuerain Iuge: mais conſiderez l'vnanime

nanime consentement des plus grãdes, plus notables, & plus Catholiques villes de ce Royaume: & où la doctrine, vertu, pieté & religiõ fleurissent le plus. Regardez ces fameuses Vniuersitez de Tholoze, Poictiers, Bourges, Orleãs & autres: & principalement celle de Paris, dont la renõmee s'estend aussi loing, que le nom de la foy Chrestienne: Puis l'atrocité de voz actions, a contraint le peuple François, le plus maniable & obeyssant à ses Rois de tous les peuples de la terre, de secouër vostre ioug. C'est vn preiugé qui ne vous charge pas peu: Ie ne parle point d'vn deluge de desordres & confusions, où vous auez en partie laissé toutes choses en ce Royaume, tant en l'estat Ecclesiastique que Ciuil, ayant moyen d'y remedier, vous y estãt mis & plongé vous-mesmes: ny de l'oppression tyrannique du peuple, lequel vous auez foullé & rõgé iusques aux os, faisant des biẽs de voz subiets, comme si vous n'en eussiez esté Seigneur souuerain ou Roy simplemẽt, mais possesseur & proprietaire: Ce qui vous a esté remõstré vne infinité de fois, & auec tres-humbles & tres-instãtes requestes auez esté supplié, imploré & cõiuré par toutes choses sainctes & sacrees, d'oster ces malheurs, ou pour le moins les moderer: mais on n'a iamais peu arracher celà de vous: Ains au contraire comme vous moquant de tous vos subiets, & vous baignant en la calamité publique, vous n'auez iamais cessé de mettre du bois dans le feu, & d'accroistre ces abus, lesquels cõme chacun voit, ne sont pas seulement nuisibles ou dommageables à l'estat, mais pernicieux & mortels, & menaçant ce Roiaume de proche ruine. Dont quãd il n'y auroit autre chose, la raison manifeste fondee en la necessité de sauuer l'estat, pour lequel est le Roy, non l'estat pour luy, & l'exemple tresapprouué de tant de peuples anciens, & des François mesmes, nous absoult de vostre obeïssance, voire nous oblige de la reiecter, veu mesme qu'en ceste perte d'estat, il ne s'agist pas seulement des biens temporels, qui ne sont que pour le seruice de ceste corruptible chair, mais encor des bonnes mœurs des ames & consciences, de toute vertu, pieté, & religion, lesquelles choses on voit s'escouler tous les iours & aller en ruine par ces desordres & dereglemens. Mais ce que ie regarde principalement, & à quoy ie m'arreste plus, c'est l'interest de la foy Chrestienne & Catholique, seul fondement de salut, laquelle vous nous ostez des mains, tant par la faueur manifeste que vous portez aux heretiques, que par la demolitiō dernieremēt faicte à Bloys des principales colonnes d'icelle. Qui nous esmouuera, si ceste iniure ne nous esmeut? sinon qu'on veuille dire, qu'il ne soit iamais loisible à vn peuple de resister à son Prince, pour quelque occasion que ce soit: Ce que la raison naturelle, la pratique de nos ancestres, les saincts Canōs & Decrets, & l'Escriture saincte mesme desment. Mais vous fermez les yeux à toutes raisons & authoritez, & ne voyez le soleil en plain Midy. Vous criez & protestez cōtre nous, & nous faites coulpables & criminels de la plus grande desloyauté & meschanceté qui fut onques, & m'accusez particulierement d'ingratitude, me reprochant que vous nous auez establis, Dieu sçait quel establissement & nous le sentōs tous les iours. Mais poſé que nous euſſions receu de vous toutes les commoditez & aduantages, que congregation de Religieux ait iamais receu de la liberalité de Charlemaigne ou de S. Loys, vous n'ignorez pas que nul de nous n'en auroit vne eſpingle d'auantage, ains le bien faict en demeureroit à l'Egliſe, & la recompenſe vous en pourroit eſtre gardee au ciel: Aurois-ie pour ce pris engagé ma liberté naturelle ſi indignement, que vous attentant appertement contre l'Egliſe, dont vous deuez eſtre defenſeur, il ne me fuſt permis de dire mot? Y a-il threſor au ciel ou en la terre, par lequel ie peuſſe eſtre tant obligé à homme viuant, que le voyant conſpirer contre l'honneur de Dieu & le bien de l'Egliſe, il ne me fuſt permis de crier & de m'oppoſer à luy, mais fuſſe contraint de trahir vn ſi precieux gaige q̃ noſtre ſaincte foy & religion, la voyant en hazard de nous eſtre rauie des poings? Certes vne telle meſchanceté ne doit pas ſeulement halener l'ame d'vn Catholique, ie ne dy pas d'vn Religieux, & ne le pouuiez eſperer de moy, qu'en me peignant en voſtre ame des couleurs d'vn homme priué d'entendement ou de religion. Ie ne suis pas si prodigue d'vne si precieuse denree que l'honneur de Dieu, qui sans proportion excede, tout ce qu'il y a de grand en tout le ressort & Iurisdiction du temps & des choses tẽporelles. Ie ne suis pas si aueugle marchant, que de laisser à si vil pris, ce que nostre Sauueur m'a acquis au pris inestimable sõ de sãg. Et si ie vous suis redeuable pour voz biẽs faits de quelque chose, ie ne suis si mauuais mesnager, q̃ de le vo⁹ vouloir payer aux despens de ma conscience & de ma religion: Ie recognois volontiers mes superieurs, & leur suis seruiteur tres-humble, mais sans sortir de la ligne pe la premiere obeïssance que ie doibs au supreme Seigneur des Seigneurs, auquel des-obeït est perir. Ie suis aussi seruiteur & subiect du Prince que Dieu à estably sur moy, mais iusques aux Autels, en la sainctete desquels ie trouue comme vne barriere de fer qui arreste sus bout ceste subiectiõ & ne luy permet de passer outre. Ie n'ay point donc failly à mon deuoir, en vous contrariant pour le zele de l'honneur de Dieu, mais ay tesmoigné par là, ma foy &

religiõ, cõme tout bon Chrestiẽ est tenu de faire. Cessez de prẽdre les choses ainsi à rebours & à contre-poil, & ouurez les yeux pour recercher & recognoistre l'origine de vostre mal, qui est en vous mesmes & nõ ailleurs. Reste maintenant que ie respõde à ce que vous dictes, que ceste vnion des Catholiques n'aura point de pouuoir d'executer son intention. On void desia que si, & à bonnes enseignes, au grand estonnemãt de vous & de tous voz discoureurs polytiques, qui nous est comme vne arre d'asseurance, sur laquelle nous nous promettons beaucoup d'auantage. Et certes ie ne croy pas que l'ire de Dieu soit encor si rougissante sur nos testes, ou que nous soyons si esloignez du soleil de sa misericorde, que no' ne puissions esperer vne entiere deliurãce de vostre pouuoir & oppression tyrãnique. Ie ne croy pas que Dieu desdaigne tant de prieres affectueuses, tant de hũbles & ardens souspirs & gemissemẽs, excitez par sõ esprit mesme, qu'il ne peut esconduire, accompagnez du merite de tant de ieusnes, aumosnes, haires, disciplines & autres austeritez qu'on a veu en tant de villes, & void on encor practiquer à ceste intention à tant de bonnes ames de tout aage sexe & qualité. I'espere que tãt de pitoyables voix coniurerõt sa clemence, & tant d'actes de deuotion amoliront son courroux, & forceront sa bonté de nous faire misericorde. Ie me promets que la tres glorieuse vierge Marie, S. Michel & les Anges tutelaires de la Frãce, & tãt de glorieux saints & sainctes qu'elle a enuoyez au ciel, intercederont pour nous, & arresterõt le coup de l'ire de Dieu qu'elle ne nous reiette & extermine pour ceste fois. Que si pour la grauité de nos offenses, sa iustice nous auoit desia cõdamnez, il retractera l'arrest & reuoquera la sentẽce, comme il fit aux Niniuites cõuertis à penitence. Mais posé que par le demerite de nos pechez, estãt le vaisseau de nostre iniquité remply & comblé, nostre damnatiõ fust irreuocable, & Dieu fust tant irrité cõtre nous, que de nous laisser retomber souz vostre domination : quand il luy plairoit nous traicter ainsi, toutes ses œuures sont sainctes, son nom soit à iamais beny, & soit ployé tout genoil pour adorer la saincteté de ſes iugemens: Certes en tel cas ie plaindray l'intereſt de l'Egliſe, & lamenteray l'abolition de noſtre religiõ, que ie tiẽs toute aſſeuree en ce beau Royaume: Ie regretteray l'infortunee poſterité, qui ſera priuee de ce chandelier de la foy, & de ceſt arbre de vie eternelle: Ie deploreray les enfans, qui arrachez du ſein & des mammelles de leur mere l'Egliſe, ſeront piteuſement habandonnez à ceſte paillarde & infame hereſie. Mais pour le regard des gens de bien & fermes Chreſtiens qui ſont à preſent, i'eſpere que leur condition n'en empirera nullement, ie croy que le moindre de tous n'aura pas moins de courage que moy, qui par la grace de Dieu me ſens auoir vne telle affection en ceſte cauſe, que ſans dependre de l'euenemcut, quel qu'il plaiſe à Dieu le nous donner, ie ne regarde qu'au deuoir, & iette mes yeux à la volonté de Dieu cõme le marinier à ſõ Nort, & à ce qu'elle requiert de moy, ne cherchant autre choſe, que de luy faire ſeruice aggreable: ſçachant Dieu mercy qu'à ceſte premiere & ſouueraine volonté, qui a produit toutes volontez, il eſt deu de droit par ſa creature

creature raisonnable, qu'elle dresse & cõpasse tous ses mouuemẽs au bransle d'icelle, & toute autre directiõ de nos volõtez, n'est qu'erreur. C'est le but auquel ie tẽds singulieremẽt en cest affaire, hors duquel ie ne desire, & ne veux riẽ absolumẽt : & tous vrais & sages Catholiques font le semblable. Parquoy ne dependãt nostre contentement que de ceste volonté qui est tousiours en nostre puissance, moyennant la grace de Dieu, & n'estant fondé sur l'heur ou succez exterieur, il est tout clair que nous auõs tousiours nostre souhait, & nulle trauerse d'aduersité publique ny priuee, ne nous en empeschera iamais. Que s'il faut y perdre ceste vie, loüé soit Dieu, qui nous a baillé moyen de payer ceste debte sans emprunt : nous auõs vn corps que le fer penetrera : nous auons du sang qui coullera soubs le cousteau : mais nous auons vn esprit qui sortant sans regret de ceste vile prison, s'en vollera librement au ciel à celuy qui l'a creé : & nous promettons de la bonté de Dieu, qu'à tel besoing il nous fortifiera de la constance, qui nous sera necessaire pour souffrir q̃ vous soulliez vostre courroux de noſtre ſãg, & laſſiez meſmes voſtre cruauté des ſupplices. Cognoiſſez par là, cõbien peu nous craignõs voſtre puiſſance, laquelle toutesfois on void eſtre biẽ loing de nous reduire ſoubs voſtre main, & n'y paruiẽdrez iamais: Que ſi Dieu le permettoit, ie diray celà que vous croirez mal-ayſement, il n'y a choſe en ce mõde qui vo⁹ vint ſi mal à point, ny qui fuſt tant voſtre ruine: Car tãt plus vous aurez d'heur & de victoire, tant plus irreparablemẽt vo⁹ enfõcerez vous en miſere: & vous ſeroit meilleur ſans comparaiſon, que le malheur temporel qui vous tallõne deſia de prez, vous euſt attaint & accablé du tout, que ſi ceſte peſtilente & fallacieuſe proſperité vous arriuoit. Car obtenant le deſiré ſuccez de voz affaires, ô quel torrent de meſchancetez enormes, & principalement d'impieté & d'hereſie vous eſpãcheriez en ce Royaume, & quel rauage vous feriez de toute ſainctete & religion! Voſtre pouuoir alors monté à l'eſgal de voſtre vouloir effrené, acheueroit de diſſiper & aneãtir, tout ce qui nous reſte de vraye & Catholique pieté, qui vous ſeroit vne ſurcharge & redoublement demalheur & damnatiõ eternelle, que vous n'eſchaperiez iamais. Mais ſi au contraire l'affliction temporelle qui vous combat & vous tient aux priſes, acheue de vous abbattre, & par ce moyen abbaiſſe les cornes de ce preſomptueux orgueil qui vous enfle (ie ſçay qu'il n'y a rien au mõde que vous craignez tant, & ne pouuez penſer que plus grãd malheur vous peuſt aduenir : Mais la charité Chreſtienne qui me faict auoir pitié de voſtre ignorance, me contrainct de vous dire, que c'eſt vn treſgrãd & ſouuerain moyẽ de voſtre bien & ſalut.) Et ſi parmy tãt de ſignes mortels qu'vn chacun peut remarquer en voſtre ame, reſte quelque peu de gueriſon, c'eſt ſans faillir qu'vne extreme affliction, ſera le medicament qui la vous moyennera. Auſſi eſt-ce la plus profitable & ſalutaire drogue, que le ſouuerain medecin du ciel ordonne & applique aux plus malades, & quaſi plus deſeſperees ames : comme la pratique s'en eſt veuë en Nabuchodonozor Roy des Aſſyriens, qui pour la gloire d'vne ſi grãde Monarchie, à laquelle Dieu l'auoit eſleué, & pour les grandes victoires qu'il auoit obtenuës ſur les ennemis, au lieu de ſ'humilier deuant le Monarque du ciel, qui l'auoit tant honoré, le meſcongnoiſſoit d'vne incroyable ſuperbe. Dieu pour l'humilier luy oſtá ſon royaume, & toute ſa grandeur; le chaſſa de la compagnie des hommes, & le confina en l'habitation champeſtre des foreſts & deſerts, où par l'eſpace de ſept ans, ayant le ciel pour tout couuert, il broutta l'herbe des champs auec les beſtes ſauuages: ſon corps fut expoſé à la pluye & roſee, & à toutes les iniures de l'air, & ſes cheueux & ongles luy creurent en enorme longueur & difformité, de laquelle aduerſité il receut tel fruict, que ſon cœur hautain ſ'humilia deuant la puiſſance de Dieu, & apprint de recongnoiſtre par l'affliction, celuy que la proſperité luy auoit fait oublier. C'eſt exẽple vous repreſente naïfuement l'efficace & vtilité de l'affliction, pour remettre les ames eſgarees au chemin de ſalut, & ie le vous propoſe pour voſtre inſtruction, à fin de vous exciter à en faire voſtre profit. Car vous eſtes ſi auant engagé dans la meſme miſere, que toute l'eſperance qui peut reſter de vous, ne consiste qu'en la rigueur, de laquelle Dieu commence d'vser enuers vous, en vous affligeãt, rigueur misericordieuse, s'il ne tient à vostre du tout aueuglee & Pharaonique obstination. Il semble que Dieu face en vostre endroict, ce que le charitable medecin faict enuers le phrenetique, lequel ne congnoissant pas mesme qu'il est malade, refuse tout remede, le medecin le faict attacher, & luy faict prendre par force, ce qu'il n'a voulu prendre de bon gré pour sa guarison. Que faict autre chose Dieu en vostre endroict ? vous estãt obstiné à reietter tous les remedes qu'il vous a presentez, il vous contrainct de prendre le breuuage de l'affliction, le plus puissant & souuerain de tous les remedes de la medecine spirituelle : & malgré la resistance que vous faictes de pieds & de mains pour ne le prendre, vous contrainct de l'aualler. Ie vous diray franchement, que voyant ce traict de sa charité enuers vous, i'admire le soing & prouidence paternelle qu'il vous monstre, & voy ce me semble tout à clair, qu'il ne vous a du tout abandonné. S'il eust tranché le fil de vostre vie parmy le cours de vos pechez, ou s'il vous donnoit maintenant toutes choſes à gré, vo⁹ ſeriez perdu ſans remede: mais vous frappant de ce fleau d'affliction, il vous ouure le chemin royal de la penitẽce pour vous releuer. Il eſt vray que ce remede a de l'aſpreté & violence, ie le confeſſe, mais il eſt treſopportun & efficacieux, & tel que le requiert l'extremité de voſtre mal, ſuiuant le dire des medecins, qu'aux maladies extremes, il faut appliquer extremes remedes. Vn ſi grãd amas de ſuperbe, cõme vn rocher d'humeur gluãte & viſqueuſe, n'a peu en eſtre arraché par les ordinaires purgations: il a fallu y employer ceſte forte & poignãte quinte eſſence, qui pour ſa violence ſemble pluſtoſt poiſon que medecine, & a vne ſi preſẽte vertu purgatiue, que celuy qui en prend doſe ſuffiſante, & n'en eſt purgé, ſe peut dire du tout incurable & abandõné des medecins. Ce que la charité Chreſtienne, dont ie vous ayme en noſtre Seigneur Ieſus Chriſt, me faict vous repreſenter: vous suppliãt au nom de ce grand Dieu qui a creé le ciel & la terre, prendre vn peu de loiſir & de patiéce, pour conſiderer à par vous, ſi vous n'eſtes point de meſme ſubſtance ou eſpece que le demeurant des hommes. Et ſi pour auoir porté vn diademe ſur la teſte, vous eſtes exẽpt de la cõmune obligatiõ & tribut de la mort, q̃ nous deuõs tous payer à nature : ou ſi mourant vous aurez quelque immunité ou priuilege ſingulier, pour ne comparoiſtre deuãt le tribunal du fils de Dieu, qui nous doit tous iuger: ou ſi par la terreur de la dignité royalle dont vous auez eſté honoré, les feux eternels, & autres tourments d'enfer, ne ſ'oſeront approcher de vous? Que ſi vous congnoiſſez que pour le regard de toutes ces choſes, vous eſtes du rang du demeurãt des hommes, ou pour mieux dire, que pour les grands aduãtages deſquels la liberalité de Dieu vous a fauoriſé par deſſus les autres hõmes, vo9 ferez vn rãg à part, pour ſouffrir vn plus rigoureux examen, & plus dure punitiõ eſtãt trouué plus coulpable, que nul des autres: Ie vous ſupplie ſi vo9 croyez fermemẽt & tenez indubitables ces choſes comme elles ſont: quel breuuage d'oubliance vous a tant charmé le iugement naturel, qu'on vous voye faire de toutes vos actions & deportemens, comme vn camp & armee rãgee, pour offenser celuy qui a si merueilleuse puissance sur vous, & qui vous doit si rigoureusement iuger, sinon que vous ne le pensiez point offenser en trahissant nostre religion Catholique, pource que vous n'y adioustez nulle foy. Mais vous vous abusez. C'est ceste seule religion qui nous sanctifie, nous loge dans le ciel, nous conioint & vnit à Dieu. Ce que vous auez tousiours faict monstre de tenir & croire par semblant exterieur, vous auez mesme esté baptizé en ceste foy, & auez plusieurs fois solennellement promis & iuré, de la maintenir & deffendre iusques à la derniere goutte de vostre sang, donc vous ne pouuez de droict la mescongnoistre. Mais vous l'auez tousiours mescõgneuë d'effect, & la mescongnoissez encores, ayant tasché par vn long temps par menees sourdes, & depuis quelque temps en ça tout ouuertement de la nous oster. Que si quelque estincelle de la craincte de Dieu vit encor en vostre ame, si quelque mouuement ou respiration de vie spirituelle

ſpirituelle ſe trouue encor en vous, ſi quelque ſentimēt de Dieu vous demeure, qui vous diſtingue d'auec vn obſtiné & deſeſperé, qui n'a plus aucun regrez à la miſericorde de Dieu, & n'attend plus que le coup du dard de la mort, qui le confine auec les damnez, reueillez vous de ce mortel endormiſſement, & ouurez les yeux, pour veoir le dangereux abiſme dans lequel vous eſtes preſt de tresbucher. Voyez l'ombre de la mort eternelle qui s'eſpand à l'entour de vous, & deſia vous couure & ſerre de prez: voyez les feuz & flammes d'enfer qui ondoyent & petillent deſia tout aupres de vous. Car c'eſt l'appennage & portion ineuitable des impies & contempteurs de Dieu, comme vous, dont au meſme inſtant de la mort ils prennent poſſeſſion. Et ſi ce danger vous alarme, vſez de l'auantage que tous les hommes ont tant que la vie leur dure, de pouuoir moyennāt la grace de Dieu qui ne leur defaut iamais, ſe deſprēdre & arracher des prinſes de peché. Que la cōgnoiſſance de voſtre peril vous eſpouuante, & l'eſpouuantement vous excite & mette des aiſles à vos pieds pour vous sauuer de visteße au port de la saincte penitēce, lequel vous est ouuert, tant que la patience de Dieu vous laisse en ce pelerinage. Qué si vous attendez qu'il soit acheué (ce qui sera peut estre bien tost) la porte vous en sera barree, & l'entree pour iamais defenduë, & regretterez trop tard l'occasion & opportunité fauorable que vous en auez maintenant: prenez la par les cheueux pendāt qu'elle se presente. Il n'y a rien si glissant & si fuyard, ny qui eschape plus facilement pour peu qu'ō s'endorme à l'empoigner; laissant son hōme battu dans l'ame d'vn vain repentir. N'ensuiuez pas l'endurcissement de ce miserable Pharao, lequel s'aheurtant opiniastrement contre les fleaux de Dieu, & regimbant contre l'esperon, mourut obstiné: mais imitez la recognoissance de ce Roy Assyrien, lequel s'humilia deuant la majesté de Dieu & en obtint misericorde: Il rompit les liens de peché qui le tenoiēt, & secoüa le joug de sa vanité, pour encoller le joug de Dieu. Ce vous est vn tresbeau miroir & exemple si vous le sçauez regarder. Prenez vn peu de relasche de vos folles fantasies, pour descendre en la consideration de vostre misere, & vous remettre deuãt les yeux, que par vos malheureux deportemens, vous vous estes rendu l'obiect de la malediction de la France, & pierre de scandale à toute l'Eglise: & auez mis ce grãd Royaume, duquel Dieu vous auoit donné le gouuernement, en toute extremité de trouble, guerre, & combustion. Et si cela vous semble malheureux & damnable, comme certainement il l'est, recourez au dueil & aux larmes de la penitence: prosternez vous deuant la Majesté de Dieu, commençant de l'appaiser par vne volontaire & entiere renonciation du sceptre, duquel vous auez tant abusé, pour y estre pourueu par les Estats de la France, de quelque iuste, vertueux & Catholique Prince, qui mette la main & trauaille à bon escient à reparer les ruines que vous y auez faites, & soubs la iuste domination duquel, ce pauure Royaume puisse respirer de tant de malheurs qui le pressent, & principalement de ceste maudite & pernicieuse heresie qui l'estouffe. Ceste renonciation estant acte de grand effort,

& d'vne haute & difficile resolution, sera vne grande partie de vostre satisfaction enuers Dieu, & aura vne merueilleuse efficace pour vous reconcilier à luy. Ce sera vn sacrifice de tres-souësue odeur deuãt sa Majesté, qui amolira sõ courroux, & adoucira son indignation à l'encõtre de vous : A quoy pour faire vne parfaite penitẽce adiousterez l'abnegation & renoncement de vostre propre volonté & liberté, en espousant le sainct estat de religion en quelque sainct monastere. Ie croy que la Royne vostre femme (sa vertu luy dõne pour iamais le tiltre de Royne) ne fera difficulté d'y consentir. Et là mettez vostre ame comme dans la fournaise d'vne saincte mortification, pour la refondre & renoueller, à fin que vous l'espuriez de tãt de crasse & ordure qu'elle a accueillies, par tãt d'annees qu'il y a, que vous viuez en oubliance de Dieu: & auec la lime de patience, nettoyez la de la mordante roüille de peché qui la ronge & consomme, & refigurez y l'image de Dieu, de laquelle l'ennemy d'enfer a effacé tous les traits & lineamens, pour y peindre la sienne. Vous acheuerez par là

de rayer voz iniquitez de ce liure de dã-
nation, où le doigt de la iustice de Dieu
les a escrites, pour les vãger en sa fureur,
& esteindrez le feu de sõ ire, qui est prest
de vous deuorer. Ie taiz le repos & tran-
quillité de cõscience que vous y acquer-
rez, & la cõsolation du S. Esprit de dou-
ceur inestimable, laquelle mon bas &
ignorant stile ne presume d'exprimer:
aussi est-ce la vraye manne du ciel, dont
la suauité nõpareille ne se laisse cognoistre, que par ceux qui l'ont goustee & sen-
tie par espreuue, & leur est comme vn
arre & aduance des delices celestes. Et
quãd vne ame en a vne fois gousté, toutes les douceurs & voluptez du monde
perdent leur credit en son endroit, & luy
viennent à desdain & contre-cœur. Ie
laisse encor le paradis & la gloire celeste,
pour laquelle Dieu nous a creez, de laquelle vous vous asseurez par ce moyen,
à fin d'en prẽdre vn iour la tres-heureu-
se & immortelle possession. Qu'elle plus
grande ou plus certaine richesse & grandeur pourroit estre souhaittee, par toute
l'auarice & ambition des mortels? Que
si l'estrangeté de ce moyen que ie vous

propoſe vous eſtonne, conſiderez que ſainct Loys, Roy de France cõme vous, mais bien autre que vous, l'a deſiré & recherché, cõme teſmoigne ſon hiſtoire: & ne tint qu'à la Royne ſa fẽme, laquelle refuſa d'y conſentir, qu'il n'effectuaſt ſon deſir. Si ce Roy, ſi iuſte & ſi ſainct, auquel pour la pureté de ſon ame, ce moyen de ſalut eſtoit ſi peu neceſſaire, l'a toutesfois appeté, vous esbahiſſez vous q̃ ie le vous conſeille, qui pour l'expiatiõ de tant de pechez, & la purgation de tãt de mauuaiſes habitudes, en auez vn extreme beſoing? Si le ſain qui n'a que faire de medecine, la prend neantmoins pour la cõfirmation de ſa ſanté, que doit faire le malade, qui ne ſ'en peut paſſer ſans mourir? Si l'exemple de ſainct Loys ne vous plaiſt, pour ce qu'il ne meit en effect ce ſainct deſir, vous auez Carloman Roy de France & oncle de Charlemaigne, qui apres auoir regné ſur ce meſme Royaume, changea volontairement la royauté à l'eſtat Monaſtique, & mourut en iceluy au monaſtere de Moncaſſin en Italie: Vous auez vn Héry frere d'vn Roy de France qui print l'habit de religion à Cleruaux, de la main de sainct Bernard : Vn Isaac Empereur de Constãtinople, qui quitta l'Empire pour faire le semblable: Vn Iosse Roy d'Angleterre, qui renõça à sa couronne pour la vie heremitique: Vn Alexãdre fils d'vn Roy d'Escosse, qui prefera à l'estat royal l'office de pauure berger en vn monastere de France: Vn Celestin Pape, qui chãgea volontairement à vn froc la dignité Papale; & tant d'autres tresgrands Rois, Princes & grands Seigneurs innumerables, pour me taire des Princesses, Roynes & Imperatrices, qui en ce sexe plus infirme, ont d'vn cœur plus que masle prins le mesme party, dõt l'histoire nous est fidel tesmoin: Voire il y en a eu, qui bruslans du feu de l'amour de Dieu, & ardamment irritez contr'eux-mesmes, pour la souuenance de leurs pechez, ont vsé d'estranges & espouuantables penitences & mortifications : comme Guillaume le dernier Duc de Guyenne, qui par l'espace de dix ou douze ans les derniers de sa vie, porta vn corps de cuirasse souz vn habit de Religieux: Et Foulques Comte d'Anjou, qui alla iusques en Hierusalem, pour là se faire foüetter à deux de ses vallets, la corde au col deuant le sepulchre de nostre Seigneur. O si l'esprit de Dieu auoit tãt de credit sur le vostre, que de le faire quelquefois arrester à vne viue & fixe consideration de la grauité de vos offenses, & de l'estroicte & inexorable rigueur du iugement de Dieu contre les obstinez, combien plus de matiere trouueriez vo⁹ en vous, d'entrer en vn sainct & implacable courroux cõtre vous-mesmes, & vous resoudre de ne vouloir plus prolonger vostre vie, que pour vanger & punir sur vous, tant de grãds & enormes pechez que vous auez commis, & par ce moyen obtenir la misericorde de Dieu! Vous ne voudriez plus auoir de corps, que pour le macerer par austeritez: Vous ne voudriez plus d'yeux, que pour pleurer vos pechez: de respiration naturelle, que pour remplir l'air de souspirs: de langue, que pour crier mercy à Dieu, & parmy ces pleurs & lamentations, trouueriez plus de consolation & vray contentement en vn iour, que toutes les pompes & delices du mõde ne vous en fourniroiẽt en mil ans. Et en fin en fin pour couronnement de l'œuure, vous sauueriez vostre ame, & acquerriez le Paradis. Que si vostre obstinatiō vous faict reietter ce conseil, il aduiendra peut estre bien tost, que vous acheuerez de perdre le reste de vos plumes, & tombāt en extremité de misere & desolation, voudriez auoir pris ce cōseil, & ne pourrez : ou si le pouuoir vous en demeure, ce ne sera ny auec tel merite enuers Dieu, ny auec tel honneur enuers les hōmes, que si vous le faisiez à present, que la necessité ne vous serre de si pres. Car où la necessité est, la vertu ne trouue pas beaucoup de lieu; comme celle qui iouë beaucoup plus volontiers son roolle en vn franc & libre subiet : & n'y estant la vertu, l'aprobation des hommes & profit d'edification n'y peut estre. Parquoy s'il reste en vostre ame quelque capacité de recognoissance, & si le vin d'erreur & d'estourdissemēt n'a saisi tellemēt toutes les parties d'icelle, que meilleur aduis n'y puisse auoir accez: prenez ce conseil que ie vous donne, de la sincerité, que ie desire que Dieu trouue en mon ame, lors qu'elle partira de mon corps, pour estre presentee deuant le throsne de son iugement: ou pour mieux dire, prenez le cõseil que Dieu mesme vous dõne, par l'organe de ma parole grauee sur ce papier: Oyez la voix de ce bon pasteur & pere debonnaire, qui ne desesperant encor de vostre salut, vous appelle, & peut estre pour la derniere fois, au tres-asseuré & salutaire port de la penitence, souuerain remede de voz maux. Que souz le marteau d'vn si veritable aduertissemẽt qu'il vous dõne par moy, vostre cœur de pierre se detrempe & amolisse, & que par vne telle & si necessaire obeïssance vostre, sa Majesté diuine soit honoree, la charité des biẽ-heureux Anges & saincts de Paradis resiouïe, l'Eglise qui verra cest exẽple consolee, vostre ame que la damnatiõ haleine, deliuree, & la malice du diable qui ja la deuoree par esperãce, confuse. Ie proteste encor vn coup deuant celuy qui voit le secret des cœurs, la candeur & sincerité de mon affection en ce fait, & appelle le ciel & la terre tesmoins de ce mien escrit, esperant qu'il viendra en voz mains, à fin qu'au cas que vous n'en teniez cõpte (ce qu'à Dieu ne plaiſe) il vous ſoit repreſenté en face au iour du iugement, en teſmoignage & condã-nation: auſſi ne faut-il douter que ſi vous meſpriſez de vous recognoiſtre, ſoit par la voye que ie vous propoſe, ſoit par quelque autre voye ſemblable, & ſi vous ne ceſſez de perſecuter l'Egliſe de Dieu, vous ne tombiez (peut eſtre bien toſt) en l'extremité de toutes les horreurs & maledictions, dont la ſeuerité de la iuſtice de DIEV, ait iamais frappé l'obſtiné Pharao, le ſuperbe Antiochus, & le deſeſperé Herodes, & tous tels autres impies & contempteurs de Dieu. Son arc eſt tout bandé pour vous transpercer d'vn traict ineuitable, & ſa coignee leuee pour eſtre miſe à la racine d'vn ſi infructueux & maudit arbre que vous ſerez, ſi vous refuſez ceſte miſericorde qu'il vous offre, & vous trãcher & abattre ſans miſericorde. Il n'y aura que deux coups en ceſte executiõ: le premier ſera l'endurciſſement & obſtination, où il vous lairra tout à fait comme deſeſperé & habandonné de tout remede, ne vous ſollicitant ny eſguillonnãt plus de là en auant par les inſpirations du S. Eſprit, ny par aucunes alarmes de la conſcience, comme peut eſtre il fait encor: & fera enuers vous, ainſi que le ſage Medecin fait enuers vn intemperé malade, qui ne tenant compte du regime de viure qu'on luy donne, & faiſant tous les iours des excez à ſa teſte, rend toute curation inutile en ſon endroit: voyant ce malade à l'occaſion d'vn tel dereglemẽt du tout incapable de gueriſon, il le quitte & delaiſſe, & ne ſe met plus en peine de le ſecourir par ſon art: Ainſi Dieu vous abandonnera comme incurable & deſeſperé, & vous lairra pour iamais en obſtination & ſens reprouué. Voilà le premier coup. L'autre qui vous acheuera & fera trebucher en totalle perdition, ſera le coup du iuſte iugement & damnation eternelle, dont par la mort il vous retrãchera, & alienera pour iamais de ſoy & de ſa gloire, & logera voſtre ame premierement, & voſtre corps apres, dans les ardẽts & tenebreux abyſmes d'enfer, dans le feu & la flãme inextĩguible, pour eſtre là tourmentee & bourrelee des horribles & douloureux ſupplices, que lãgue mortelle n'a iamais ſceu exprimer, ny l'eſprit mesme cōprendre. Les tourmēs de Phalaris, & de tous les tyrans & bourreaux qui ont martyrisé les anciēs Chrestiens, les cousteaux, les rouës, les poiles, les grils & autres telles inuentions de la cruauté des hommes, seroient ieu & delectation au pris: outre ce ver rongeur, outre l'eternité de ces peines, qui pressēt la balāce d'vne indicible surcharge. Car la duree de ces peines combattra l'immortalité de Dieu mesmes, & seront autāt immortelles par sa iustice, cōme il est immortel par son essēce. Ce n'est pas de moy ou d'vne doctrine humaine que ie dis ces choses, mais de l'authorité de la parole de Dieu, à la certitude de laquelle nous sçauons que nulle certitude que nous ayons en ce monde ne se peut esgaler. Ie vous supplie considerez les viuement, & tremblez à l'apprehension de ceste iustice diuine. O que c'est chose horrible, dict l'Apostre, de tomber entre les mains de Dieu viuant! il ne vous demādera pas seulement compte de la desloyauté & perfidie dont vous auez trahy son Eglise, mais encores de la moindre iniustice que vous ayez en vostre regne ou commis vous meſmes, ou authoriſé eſtant commiſe par autruy, ou meſmes permis & toleré, la pouuant empeſcher ou punir: Où vous cacherez vous deuant vne telle ſeuerité, pour n'eſtre mil fois englouty de l'enfer? Vous ne pourriez pas ſeulement imaginer ſans horreur, de quelle horreur vous ſerez lors ſaiſi, vous voyant en vn ſi eſtrange acceſſoire: mais vous pouuez deſtourner ce mal en recognoiſſant vos fautes, & faiſant penitence pour icelles ſelon mon conſeil. Prenez le donc, ſi vous eſtes ſage, prenez le diligẽment, pendãt que l'opportunité vous en eſt donnee. Et deſcendez autant en humble & modeſte ſubmiſſiõ, que vous eſtes monté en vaine & enflee ſuperbe. C'eſt tout ce que ie vous puis dire & cõſeiller pour la charité Chreſtienne, dont par la grace de Dieu, ie ſens que mon cœur, eſleué par deſſus toute humaine affection que voſtre indignité me pourroit ſuggerer, & rompant la barriere du ſens & de la nature, vous ayme ſincerement en noſtre Seigneur Ieſus Chriſt. Par le merite de la paſſion duquel ie prie le Pere celeſte vous vouloir eſueiller du profond ſomne d'oubliãce de luy & de vous, en laquelle continuant de viure, vous mourez tous les iours, & par vne ſainĉte & ſalutaire penitẽce, vous dõner grace, de ſi parfaiĉtemẽt lauer & purger voſtre ame des infames taches de peché, dõt vous l'auez ordie & ſouïllee, que renaiſſant heureuſement en innocence & pureté de vie, & redreſſee à l'obieĉt de ſon ſouuerain bien, elle puiſſe au dernier iour attendre & regarder ſans eſpouuantement, ce redoutable iuge des viuans & des morts, deuãt lequel la fermeté maſſiue des fondements de la terre, ne ſubſiſtera ſans trembler.

De l'Oratoire S. Bernard des Fueillantins lez Paris, ce 2. iour de Iuin, 1589.

Par celuy qui deſire voſtre ſalut de tout ſon cœur.

F. B.

www.ingramcontent.com/pod-product-compliance
Ingram Content Group UK Ltd.
Pitfield, Milton Keynes, MK11 3LW, UK
UKHW020214200726
13856UKWH00004B/1385

9 782013 049627